María Wagner Civera

¿Quién es Luna?

Ernst Klett Verlag
Stuttgart · Leipzig · Dortmund

Hinweis für Lehrkräfte:
Die Lösungen zu den Übungen befinden sich im Digitalen Unterrichtsassistenten für das Schulbuch *¡Vamos! ¡Adelante! Curso intensivo 1.*

1. Auflage 1 6 5 4 3 2 | 29 28 27 26 25

Alle Drucke dieser Auflage sind unverändert. Die letzte Zahl bezeichnet das Jahr des Druckes.

Autorin: María Wagner Civera, Den Haag

Entstanden in Zusammenarbeit mit dem Projektteam des Verlages.

Titelbild: Jani Spennhoff, Barcelona
Satz: Satzteam 7, Bondorf
Druck: AZ Druck und Datentechnik GmbH, Kempten/Allgäu

Printed in Germany
ISBN 978-3-12-537498-0

9 783125 374980

Índice

Symbole und Medien

§ 5	Grammatikseiten im Grammatischen Beiheft
👥	Partnerarbeit

A 🔊 5j24gb

V ▶ 5j24gb

I 👆 6h685p

Bei einigen Übungen in der Lektüre findest du Mediencodes. Sie führen dich zu Audio- und Videomaterialien sowie weiteren interaktiven Übungen im Internet.
Gib dafür den Code einfach in das Suchfeld auf schueler.klett.de ein.

1 Los personajes

¡Hola! Me llamo Ximo Fashion. Soy *influencer* y organizo todos los años un concurso de moda. En el concurso participan alumnas y alumnos de todos los institutos de Madrid. Todo tipo de personas son bienvenidas: altas, bajas, delgadas, gordas... Aquí tenéis a los tres finalistas. Solo una persona puede ganar... ¡Mucha suerte!

Luna

Aquí tenéis a Luna, una chica muy simpática de 16 años. Normalmente tiene el pelo castaño claro, pero ahora es rubia. ¡Me gusta mucho Luna! Luna es una alumna muy buena y juega al baloncesto. Además, tiene una cuenta de Modagram.

Jessy

Aquí tenéis a Jessy. Es muy alta, ¡más que yo! Tiene el pelo corto y de un color muy especial: rosa. Con sus 16 años, ya es muy famosa en las redes sociales porque tiene una cuenta de Modagram con muchos seguidores. Le gusta mucho tomar el sol y tener la piel siempre morena.

Adrián

Y por último, Adrián. Ayer fue su cumpleaños. ¡Ya tiene 17 años! Tiene el pelo castaño oscuro y lleva gafas. El año pasado estudió inglés todo el verano en EE. UU. Allí compró mucha ropa porque le gusta mucho la moda. En su cuenta de Modagram podéis ver todos sus *looks*.

---

3 el concurso – der Wettbewerb; **4 alto, -a** – groß; **4 bajo, -a** – klein; **5 delgado, -a** – schlank; **5 gordo, -a** – dick; **6 ganar** – gewinnen; **8 rubio, -a** – blond; **9 el pelo** – das Haar; **9 castaño claro** – hellbraun; **12 la cuenta** – das Benutzerkonto; **16 las redes sociales** – die sozialen Netzwerke; **18 el seguidor / la seguidora** – der Follower / die Followerin; **19 la piel** – die Haut; **22 oscuro, -a** – dunkel; **22 las gafas** – die Brille

Otros personajes:

Iris

Iris es la mejor amiga de Luna. Tiene 17 años. Es morena y baja. Es organizada, divertida y escribe muy bien. Juega al baloncesto con Luna y Jessy. Para ella, sus amigos son muy importantes. Por eso le gusta mucho la expresión: Quien tiene un amigo, tiene un tesoro.

Pablo

Pablo tiene 16 años. Tiene el pelo pelirrojo y no es muy alto. Juega muy bien al fútbol y le gusta mucho la informática. El año pasado, robó la cuenta de un profesor. Le gusta Luna.

Javier

Javier tiene 17 años. Tiene el pelo moreno y lleva barba. Es alto, guay y muy popular en el instituto. Su familia es de México y llegaron a España hace seis años. Es el novio de Jessy.

---

2 bajo,-a – klein; **7 el tesoro** – der Schatz; **11 robar** – stehlen

EJERCICIOS

leer

1 Lee el capítulo 1 y completa una ficha como la siguiente para cada uno de los personajes.

Nombre: ■
Edad: ■
Descripción física: ■
Aficiones[1]: ■

I 32ct9i

2 Lee las siguientes frases y di cómo se llaman las personas de las fotos.

a) Las chicas son primas, pero son muy diferentes.
b) El profesor de Marta lleva barba.
c) Manuel lleva gafas.
d) Mateo no tiene hermanos, Marta tampoco.
e) El hermano de la chica morena tiene el pelo corto y es pelirrojo.
f) Julia no lleva gafas, su hermano tampoco.
g) Mateo es moreno.
h) Manuel tiene una hija que también lleva gafas.
i) Carlos tiene la piel clara.
j) La hija de Manuel es rubia y tiene el pelo largo.

1

2

3

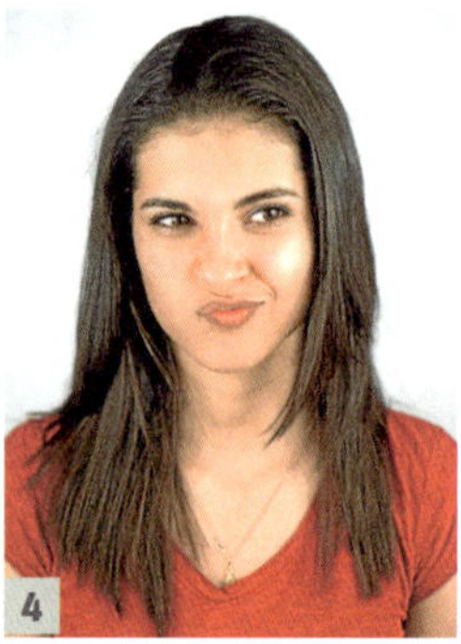
4

5

1 **la afición** – das Hobby

hablar

3 Jugad en parejas. Pensad en alguien de la clase. Vuestra compañera o vuestro compañero os hace preguntas. Solo se puede contestar con "sí" o "no". Vuestra compañera o vuestro compañero tiene que adivinar en quién habéis pensado.

EXPRESIONES **So kann ich Personen beschreiben.**

Tiene el pelo  rubio,  moreno,  castaño.

Es rubio, -a  /  moreno, -a/  pelirrojo, -a.

Tiene la piel  clara /  morena.

Lleva gafas.  Lleva barba. 

Es alto, -a / bajo, -a.  Es delgado, -a / gordo, -a. 

2 La ropa de Luna

Es un sábado por la tarde de final de abril. Llueve bastante en Madrid. Iris llega a casa de Luna y ve que su amiga está probándose ropa como una loca. Iris entra en la habitación.

—Luna ¡qué desastre! ¿Cómo puedes vivir en esta habitación? —pregunta Iris.

—¡Nada de desastre! Aquí hay un sistema: encima de la cama están los pantalones y las faldas, en el suelo los zapatos, encima de la silla las camisetas y en el armario están los vestidos... —dice Luna.

—¿Y la ropa sobre la mesa? ¿Por qué es toda negra? —pregunta Iris.

—Ah, sí, es de mi tía. Es un poco rara. Siempre lleva ropa negra porque así no tiene que pensar mucho cuando se levanta.

—Pero ¿qué me pongo para el concurso de moda de mañana, Iris?

—¡Negro con negro, no! ¡Eso seguro! —dice Iris mirando hacia la mesa.

—Jessy va a ganar, es genial. Y Adrián va a ser segundo. Voy a hacer el ridículo —dice Luna.

—Los dos son muy buenos, pero lo tienes que intentar. Es muy divertido y además, ¡puedes ganar! Aunque lo tienes difícil, ja,ja,ja...

—¡Qué graciosa eres, Iris! —dice Luna.

—Mira, esta falda corta con esta camiseta estrecha y unos pendientes grandes —dice Iris.

—Mmmhh, la falda está bien, pero es demasiado corta. ¿Qué te parecen los pantalones anchos? Pueden quedar bien.

Luna se pone toda la ropa y se mira en el espejo. Iris le hace unas fotos para el Modagram. Las dos amigas se hacen fotos y se divierten mucho.

—¡Mira! Pablo está escribiendo en mi Modagram. Dice: te queda todo genial y vas a ganar —dice Luna.

—¡¡El amor, el amor!! —dice Iris con ironía.

—Bueno, está bien tener más comentarios en mi Modagram —dice Luna.

—Pues sí, porque tienes pocos seguidores. Jessy y Adrián tienen muchos— dice Iris.

—Sí, está claro que sus seguidores los pueden ayudar a ganar. Todos los seguidores de Jessy van a votar por ella —dice Luna.

—¡Vamos, Luna! ¿Quién sabe? ¡Tú puedes ganar también!

---

4 entrar – eintreten, hineingehen; **20 esta** – diese, -r, -s; **20 los pendientes** ***(pl.)*** – die Ohrringe; **23 ancho, -a** – weit; **24 el espejo** – der Spiegel; **25 divertirse** – sich amüsieren; **33 votar** – wählen; **34 saber** – wissen

Después de probarse toda la ropa durante una hora, Luna está muy aburrida.
—Bueno, ya no hay más ropa que probarme.
—¡Menos mal! Y al final... ¿qué te vas a poner? —pregunta Iris.
—Creo que esta chaqueta con la falda larga no queda mal, ¿no crees?
—¿Te doy mi opinión? —pregunta Iris. —No me gusta mucho. Parece de abuela. Tenemos que pensar más en los colores. Mira, aquí hay un artículo de una revista de moda. Vamos a leerlo.
Iris le enseña el móvil a Luna.

Los colores de la moda

*¿Quieres parecer una persona segura de ti misma y sincera? El color rojo te va a ayudar. Mira a los políticos. Todos utilizan el rojo para parecer más seguros. Pero si no te gusta el rojo y eres una persona divertida, independiente y con energía también puedes ponerte algo naranja. Con el color blanco vas a parecer optimista. Y con el azul vas a parecer más tranquilo, pero también seguro. Si prefieres parecer moderno, ponte algo amarillo. ¿Eres una persona libre y te gusta la naturaleza? ¡Entonces tu color es el verde! Los colores como el **negro**, el gris o el **marrón** son más tristes, pero si los combinas con otros, pueden quedar muy elegantes.*

—Ay, pues qué interesante —dice Luna después de leer el artículo.
—Sí, creo que es importante. ¡Y tienes tanta ropa, Luna! Vamos a buscar la combinación de colores perfecta —dice Iris.
—Como soy sincera y divertida, me voy a poner la camiseta roja con los pantalones naranjas —dice Luna.
—En vez de sincera y divertida, vas a parecer un poco loca... —dice Iris.
—Ja, ja, ja... ¡Es verdad! Tengo que ponerme algo con estilo.
—¿Qué te parece la falda larga naranja con el jersey blanco? —pregunta Iris.
—¿Qué me parece, Iris? Tu idea es fantástica, queda muy elegante —dice Luna contenta.

---

1 estar aburrido, -a – sich langweilen; **4 la chaqueta** – die Jacke; **5 parecer** – scheinen; **7 la revista** – die Zeitschrift; **8 enseñar** – zeigen; **10 sincero, -a** – ehrlich; **19 triste** – traurig

—¡Pues sí! —dice Iris.

—Y mira qué bien queda con los pendientes grandes amarillos —dice Luna.

—¡Te los regalé yo! —dice Iris.

—Sí, por mi cumpleaños. ¡Me encantan!

—Bueno, pues ya está, ya tenemos tu ropa ideal. Me voy a casa —dice Iris.

Luna le da un abrazo a su amiga.

—Todo es tan fácil contigo. ¡Muchas gracias, Iris!

—Vale, vale, ¡yo también te quiero! Pero me tengo que ir a casa. Mi madre se enfada si llego tarde a cenar.

—¡Espera, espera! — grita Luna a su amiga que ya está en la puerta para salir.

—¿Qué pasa, Luna?

—¿Me pongo zapatos o botas? —pregunta Luna.

—Pues si quieres ganar ponte mis botas lilas, toma, te van a dar suerte. Pero ahora me tienes que prestar tú algo. ¡No voy a volver a casa sin zapatos! —dice Iris.

—¿Qué prefieres, las zapatillas de deporte azules o las rosas? —pregunta Luna.

—Dame unas... —dice Iris, que toma unas zapatillas sin mirar.

---

6 el abrazo – die Umarmung; **10 gritar** – schreien; **12 las botas** – die Stiefel; **13 dar** – geben

EJERCICIOS

leer **1** Lee el capítulo 2 y di si las siguientes frases son correctas o no. Corrige las frases que no son correctas.

a) Luna no sabe qué ponerse para ir a una fiesta.
b) Iris no quiere ayudar a su amiga Luna.
c) Iris presta a Luna ropa negra.
d) Luna tiene muy pocos seguidores en su cuenta de Modagram.
e) Luna cree que los colores no son importantes.
f) Los pendientes de Luna fueron un regalo de Iris.
g) Luna no encuentra al final la ropa ideal.

leer **2** Explica las expresiones o palabras.

a) ser de abuela
b) los zapatos
c) ¡Me encanta!
d) ideal

EXPRESIONES

So kann ich die Bedeutung eines Wortes oder Ausdrucks erklären.

La expresión/palabra… significa…
Es algo / una cosa que…
Decimos… cuando una cosa/persona…
Con la expresión/palabra… queremos decir que algo / una persona…

leer **3** ¿Qué ropa elige Luna para el concurso? Di cuál de los dibujos es el correcto.

1

2

3

hablar

4 Los amigos de Luna hacen una fiesta para celebrar que Luna ganó el concurso y te invitan.

En parejas, decid qué ropa vais a llevar a la fiesta. Trabajad en cadena.

A: Para la fiesta me pongo una bufanda.
B: Para la fiesta me pongo una bufanda y un vestido.
C: Para la fiesta me pongo una bufanda, un vestido y...

el pantalón

la falda

los zapatos

la camiseta

el bañador

el vestido

la chaqueta

el jersey

las botas

las zapatillas de deporte

ESTRATEGIA Vokabeln lernen
Wenn du viele Vokabeln lernen musst, können dich dabei elektronische Werkzeuge und Apps unterstützen. Dort kannst du schon bestehende Vokabelabfragen oder Übungen verwenden oder selbst eine Vokabelübung oder ein Quiz erstellen.

escribir

I 6h685p

5 Luna te pide ayuda para buscar la ropa ideal para la fiesta.

Haz dos combinaciones. Después, compara los resultados con tus compañeras y compañeros.

EXPRESIONES **Adjetivos para hablar de la ropa**

corto, -a

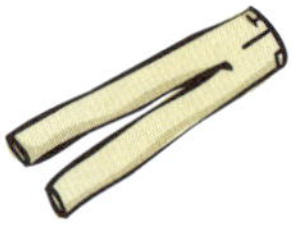

largo, -a

estrecho, -a

ancho, -a

hablar

6 Jugad en parejas. Mirad el dibujo de la página #. Buscad un objeto y decid de qué color es.

A: Veo veo.
B: ¿Qué ves?
A: Veo una cosita y es azul.
B: ¿Es el vestido?
A: Sí. / No.

escribir

I v6tv3c

7 Escribe qué ropa llevas hoy .

EXPRESIONES **So kann ich mich und meine Familie vorstellen.**

	-o	consonante o, -e	-a
el vestido los zapatos	amarillo blanco negros rojos	el vestido azul el vestido verde los zapatos azules los zapatos verdes	naranja, rosa, lila naranja(s), rosa(s), lila(s)
la camiseta las faldas	amarilla blanca negras rojas	la camiseta verde las faldas verdes	naranja, rosa, lila naranja(s), rosa(s), lila(s)

3 Batalla de la moda

Es domingo y en casa de Iris es el día de estar todos juntos en familia, hacer los deberes, descansar y ver una película. Pero para la madre de Iris los deberes son muy importantes. La madre de Iris entra en la habitación de su hija y ve a Iris en la cama con la tableta en las manos.

—Iris, tienes que hacer los deberes. Mañana es el examen de Historia. Dame la tableta y empieza a estudiar ya.

—No, no no... Va a empezar *Batalla de la moda* —dice Iris.

—Ah, sí, claro, y el concurso de... ¿cómo se llama?... Ximo Fashion. ¿Crees que es más importante que tu examen? Pues no, Iris, no...

—¡No, mamá! Hoy participan los chicos de mi instituto, entre ellos Luna. Tengo que verlo ahora—protesta Iris.

—Ay, sí... ¡Es verdad! Pues yo quiero verlo y tu hermano también.

Iris piensa que está más tranquila sola que con su madre y su hermano, pero parecen interesados en ver a Luna. Empieza el concurso.

1 la batalla – die Schlacht; **5 la mano** – die Hand; **10 que** – dass

—¿Quién es el chico que lleva la chaqueta blanca? —pregunta la madre.

Es Adrián, es un chico de mi clase que pasó un año en Estados Unidos y ahora habla muy bien inglés. Es muy divertido y siempre lleva ropa preciosa —dice Iris.

—¿Y la chica que lleva el pelo de color rosa y tiene los ojos azules? ¿Quién es? —pregunta la madre.

—Es Jessy, es famosa en el instituto —dice el hermano de Iris.

—A ver... Luna va muy elegante, es verdad, pero Adrián y Jessy tienen mucho estilo.

—¿La chica que lleva la falda naranja es Luna? Parece diferente. ¿Luna no tiene el pelo castaño? —pregunta el hermano.

—Bueno, ahora ya no, ahora tiene el pelo rubio. Pero ¿puedes callarte? No puedo escuchar a Ximo Fashion —dice Iris enfadada.

—¿Ximo Fashion es el hombre delgado con barba que lleva un abrigo verde y gafas de sol? —pregunta la madre.

—Quiero escuchar a la gente que habla en el concurso —dice Iris enfadada.

—¡Mirad! ¡Mirad! —dice el hermano.

---

5 el ojo – das Auge; **12 callarse** – den Mund halten; **14 el hombre** – der Mann

En la pantalla hay unas imágenes de Adrián. Le dice algo al oído a Jessy y ella parece muy enfadada. De repente le quita el café de las manos a Ximo Fashion y se lo echa encima a Adrián. Ximo no sabe qué hacer. Adrián mira su chaqueta blanca, que ahora es marrón, y va hacia Jessy. Jessy corre hacia la puerta, pero choca con una silla y se cae.

Cuando Jessy quiere levantarse, Adrián coge la blusa de Jessy y la rompe.

—¡Qué horror! —dice Ximo Fashion que está muy enfadado.

Ximo piensa un momento qué debe hacer. Todo el mundo está en silencio.

—No voy a parar el concurso. Vamos a hacer el desfile de moda.

1 el oído – das Ohr; **2 quitar** – wegnehmen; **5 chocar(se) con algo** – mit etwas zusammenstoßen; **5 caerse** – hinfallen; **9 el desfile de moda** – die Modenschau

—¿Cómo? ¡Ni loco! No puedo hacer el desfile así —dice Adrián.
—Yo tampoco —dice Jessy con su blusa rota.
Luna se acerca a Adrián y le dice:
—Vamos, no es el fin del mundo. Los dos estáis fantásticos. Adrián, quítate la chaqueta. Tu camisa es preciosa.
Después se acerca a Jessy, termina de romper la manga de su blusa y rompe la otra manga también.
—Ahora vas de verano. Así estás genial.
Jessy y Adrián le dan las gracias y un abrazo a Luna.
—¡Qué emoción! Qué buena es Luna. Ahora mismo todo el mundo ve la gran persona que es mi amiga —dice Iris.
—Sí, pero casi se queda sola y gana. Ahora que van a hacer el desfile de moda los tres, es más difícil ganar —dice la madre.
—Es que los pendientes amarillos que lleva Luna son horribles. Con ellos no puede ganar —dice el hermano.
—¿No son los pendientes que le regalaste a Luna por su cumpleaños una vez? —pregunta la madre.
—Sí. Y son preciosos —dice Iris enfadada con su hermano.

4 quitarse algo – etwas ausziehen; **6 acercarse** – sich nähern; **6 la manga** –der Ärmel leer **1** Lee el capítulo y pon estas frases en el orden correcto.

a) Iris prefiere ver el concurso sola.
b) Jessy se choca con una silla y se cae.
c) Jessy está enfadada y echa a Adrián un café.
d) La madre de Iris dice a Iris que tiene que estudiar.
e) Adrián rompe la blusa de Jessy.
f) Luna ayuda a Adrián y a Jessy.
g) Adrián dice a Jessy algo al oído.
h) Ximo Fashion no sabe qué hacer.
i) Jessy y Adrián dan las gracias a Luna.

leer **2** Escribe un titular (*Schlagzeile*) para la noticia sobre lo que pasó en el concurso.

hablar **3** Hablad en parejas. Pensad qué creéis que dijo Adrián a Jessy al oído. Presentad vuestras suposiciones a la clase.

§ 52 **4** **La chica que participa en el concurso**

Lee las frases y escribe cómo se traduce **que** al alemán.
¿Y en otros idiomas que conoces?

a) Luna es la chica rubia **que** lleva la falda naranja.
b) Adrián es el chico **que** lleva la chaqueta blanca.
c) Jessy es la chica que tiene el pelo de color rosa y tiene los ojos azules.
d) Ximo Fashion es el hombre con barba **que** lleva gafas de sol.

§ 52 **5** **En la página web de una revista local hay una noticia sobre el concurso.**

I 4hf4c5

Escríbelo otra vez y utiliza el pronombre relativo **que** para unir frases y no repetir las palabras.

Un accidente en Batalla de la Moda
Batalla de la Moda es un concurso de moda. El concurso es muy famoso. En el concurso participaron Luna, Jessy y Adrián, tres alumnos. Los tres alumnos estudian en un instituto de Madrid. En el concurso pasó un accidente. El accidente fue una sorpresa para todos. Adrián contó a Jessy un secreto. El secreto no le gustó a Jessy y los dos se pelearon. Al final ganó el concurso una alumna. La alumna se llama Luna y ayudó a Jessy y Adrián.

escribir § 52 **6** **Una persona ve la siguiente imagen en las redes sociales y escribe un comentario.**

Contesta el comentario y explica quiénes son las personas.

CarlesTA Pero, ¿quiénes son estas personas?

…

4 El final del concurso

Los alumnos de todos los institutos de Madrid empiezan a votar y aparecen también los primeros comentarios en las redes sociales.

SoylaMejor En mi opinión, me encanta el concurso. ¡Por fin con algo de acción! ¿Qué le contó Adrián al oído a Jessy? ¡Quiero saberlo! Yo voto por Jessy, ¡es la mejor!

Lola Pues yo no pienso así, @SoylaMejor. ¿Cómo puedes votar por Jessy? Su reacción fue tan mala… Voto por Adrián.

Blanquita08 ¡Qué horror! Pobre Adrián, me parece que es el mejor. Con chaqueta o sin ella. Es elegante, guapo, simpático, sabe combinar los colores… ¡Para mí, Adrián es sinónimo de perfecto! Yo voto por él.

DavidconD @Blanquita08, no eres objetiva. Creo que te gusta Adrián y por eso votas por él, pero Jessy es la mejor. Voto por Jessy.

XimoFashion ¡Estupendo! ¡Escribid más comentarios, chicas y chicos! Los resultados están muy igualados entre Jessy y Adrián. Yo no tengo palabras, los dos son fantásticos, bueno, y Luna también, claro…

Iris no puede creer lo que ve.
—¿Pero qué pasa? ¿Por qué no vota la gente por Luna? —dice Iris a su familia.
—Es por los pendientes amarillos que le regalaste —contesta el hermano que quiere enfadar a Iris.
—Tengo que escribir un comentario y explicar la situación. Así van a entender que Luna se viste bien y también es buena persona.

Iris toma su móvil rápidamente y escribe un comentario.

Iris2000

¡Hola! Es verdad, Adrián y Jessy llevan ropa fantástica, pero me pregunto si, para ganar el concurso, solo hay que ser elegante por fuera. En mi opinión, también hay que ser elegante por dentro. Por eso, para mí, al final la más elegante es Luna. Porque ella ayudó a sus compañeros en un momento tan difícil. ¡Yo voto por ella!

El mensaje de Iris parece que tiene éxito en las redes sociales. Su mensaje tiene muchos "me gusta" y la gente empieza a votar por Luna.

El tiempo para votar termina y Luna tiene al final más votos que Jessy y Adrián. Iris y su familia ven a Ximo Fashion que está al lado de Luna y le da el diploma a la mejor Modagramer del año.

---

4 si – ob; **6 por fuera** – von außen; **8 por dentro** – von innen; **13 el éxito** – der Erfolg;
17 el diploma – die Bescheinigung

leer **1** Lee el capítulo y contesta las preguntas.

a) ¿Quiénes son las personas favoritas de la gente?
b) ¿Por qué cree el hermano de Iris que Luna no va a ganar?
c) ¿Qué hace Iris?
d) ¿Quién gana el concurso?

§ 53 **2** **Durante las votaciones, Iris llama a Pablo por teléfono. Pablo cuenta a su amigo Raúl qué dice Iris.**

Lee la conversación y explica cómo se forma el estilo indirecto.

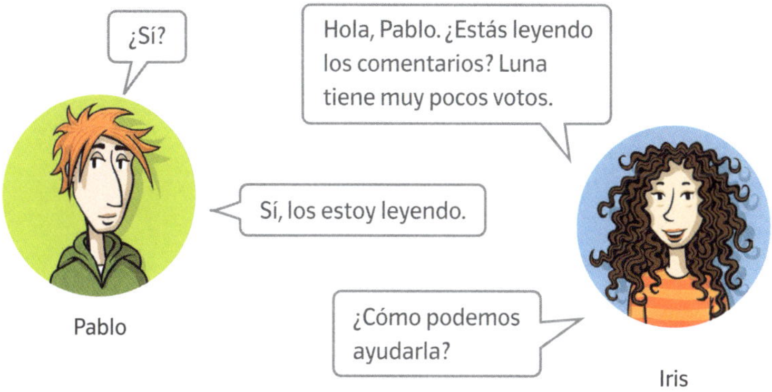

Pablo

Raúl
¿Y qué dice Iris?

Pregunta si estoy leyendo los comentarios. Dice que Luna tiene muy pocos votos y pregunta cómo podemos ayudarla.

§ 53

3 Luna recibe muchos mensajes después de ganar el concurso.

I 7iu4ma

Explica qué dicen las personas a Luna con los verbos de las casillas.

decir | contar | preguntar | querer saber

Luna ...

Ana
Luna, ¿qué tal? Estoy muy contenta porque ganaste el concurso.

Carlos
¿Quedamos esta tarde y me cuentas todo sobre el concurso?

Adrián
Muchas gracias, Luna. ¿Cómo estás?

Ximo Fashion
Luna, con los 250 euros puedes compar en todas las tiendas del centro.

Mamá
Luna, eres genial. La abuela te manda también muchos besitos.

Anónimo
¿Por qué ganaste tú? Jessy es mejor que tú y su ropa es más bonita. No lo entiendo.

escuchar
A 5j24gb

4 Luna habla con sus compañeros de clase sobre lo que pasó en el concurso entre Adrián y Jessy.

Escucha el audio y toma notas.

escribir
§ 53

5 Luna escribe un mensaje en el chat de sus amigos.

Continúa el mensaje con ayuda de las notas del ejercicio anterior.

Luna
¡Hola, chicos! Todo el instituto habla sobre el secreto que contó Adrián a Jessy en el concurso. La gente dice que…

5 La cuenta de Modagram de Luna

Luna llega a su casa y todo parece como en una película. Todo el mundo le está escribiendo mensajes en sus redes sociales y sus padres están preparando una cena especial para celebrar el premio. Todos están contentos por ella y orgullosos de su comportamiento durante el concurso. Luna está en su habitación y, mientras espera la hora de cenar, lee los comentarios de la gente que votó en el concurso de Ximo Fashion.
También ve como su cuenta de Modagram empieza a tener más y más seguidores. No se lo puede creer, ahora tiene diez mil seguidores y muchos comentarios.
De repente, ve un mensaje. Es de Javi, el novio de Jessy.

Para Luna es una sorpresa porque Javi nunca habla con ella y nunca le escribe mensajes. Cuando Luna llega al instituto, Javi se acerca a Luna y le pregunta si quiere quedar el viernes con él. Luna dice que sí y rápidamente le escribe a Iris para contárselo.

---

5 estar orgulloso, -a de algo – stolz auf etwas sein; **5 el comportamiento** – das Verhalten; **6 mientras** – während; **¡Muchas felicidades!** – Herzlichen Glückwunsch!

Iris

...

Iris, ¡qué emoción!

¿Qué pasa, Luna?

Javi me escribió ayer por la noche por el Modagram y el viernes vamos a quedar.

Pero... ¿Javi no está con Jessy?

Pues no sé, a lo mejor ya no...

Pero Luna, ¿estás segura? Conozco a Jessy, no le va a gustar.

Lo sé, pero si Jessy y Javi ya no son novios, no es mi problema.

¿Y Pablo?

Mmmmh, Pablo es muy simpático y me encanta su humor, pero...

Pero Javi te gusta más, es guapo[1], divertido y es el chico más popular del instituto, vale, vale...

Por cierto[2], esta tarde no puedo quedar para estudiar.

¿Y eso?

Tengo que ir al centro comercial a comprarme ropa.

¿De verdad?

Sí, sí... Ahora que soy muy popular necesito un *look* diferente para cada[3] día.

Vale, Luna, pero mañana tenemos examen de Matemáticas.

Ya, ya lo sé, pero necesito ropa nueva para enseñar en el Modagram.

Vale, pues estudio yo sola...

Iris, no me lo puedo creer, mi Modagram ya tiene 20 000 seguidores.

¡Qué bien! Bueno, me voy a estudiar.

---

[1]**guapo, -a** – hübsch; [2]**por cierto** – übrigens; [3]**cada** – jede, -r, -s

leer **1** Lee el capítulo "La cuenta de Modagram de Luna" y di si las siguientes frases son correctas o no. Corrige las frases que no son correctas.

a) La familia de Luna está muy contenta porque ganó el concurso.
b) Luna tiene todavía pocos seguidores.
c) Javi escribe a Luna, pero ella no sabe quién es.
d) Javi quiere quedar con Luna.
e) Luna no quiere quedar con Javi porque es el novio de Jessy.
f) Iris piensa que no es buena idea quedar con Javi.

2 **El viernes Luna y Javi quedan en una cafetería.**

En parejas, imaginad la conversación de Luna y Javi. Escribidla y, después, representadla en clase.

§ 54 **3** El verbo ***können*** se traduce, según el contexto, como **saber** o **poder**. Mira los siguientes dibujos y explica cuándo se usa **saber** y cuándo **poder**.

Luna sabe jugar al baloncesto.

Luna sabe jugar al baloncesto, pero hoy no puede porque va al centro comercial.

§ 54 **4** Completa las frases con **saber** o **poder** y haz las preguntas a tu compañera o compañero. Ella o él las contesta.

A: ¿Sabes hablar inglés?
B: Sí, sé hablar inglés.
A: Entonces puedes pasar tus vacaciones en EE. UU.

a) ¿▒ hacer una tortilla?
b) ¿▒ estudiar conmigo el domingo?
c) ¿Me ▒ prestar tu móvil?
d) ¿▒ quedar hoy por la tarde?
e) ¿▒ llamarme mañana?
f) ¿▒ hacer este ejercicio?
g) ¿▒ ir un momento al supermercado?
h) ¿▒ montar en bicicleta?

GRAMÁTICA **Saber**
Die erste Person Singular des Verbs ***saber*** ist unregelmäßig: **yo sé**

escuchar A 5j24gb **5** Lee estas frases. Después escucha los diálogos y elige las frases correctas. A veces hay más de una.

a) 1. Los chicos no saben hacer tortillas.
2. Ana no quiere hacer una tortilla.
3. Los chicos no pueden hacer una tortilla.
4. Manuel no quiere ir al supermercado.

b) 1. Ana no sabe hablar francés.
2. Ana habla un poco de francés.
3. Ana no quiere ayudar a Manuel.
4. Ana puede ayudar a Manuel.

c) 1. Ana no sabe montar en bicicleta.
2. Hoy está haciendo mal tiempo.
3. Ana no puede ir hoy a casa de Maite.
4. Ana prefiere quedarse en casa.

6 Luna parece diferente

Luna no está bien porque la nota de Matemáticas es mala y ella, normalmente, tiene muy buenas notas. Pero por lo menos su cuenta de Modagram va muy bien y Javi habla mucho con ella. Por eso no tiene mucho tiempo para estar con Iris, Pablo y sus otros amigos.

En el pasillo del instituto, Iris y Pablo hablan antes de entrar en clase.

—¡Oye! ¿Qué le pasa a Luna? No parece ella. Desde el concurso está diferente y ya no me habla. Está todo el día con Javi —dice Pablo.

—Es verdad, su vida ahora solo es Modagram y Javi. Nosotros no existimos para ella. ¿Tú cómo estás? —dice Iris.

—Bueno… creo que todavía me gusta Luna. ¿Sabes algo de ella? —pregunta Pablo.

—Pues no mucho. No hablo con ella desde hace semanas. Pero sé que Jessy está enfadada porque Javi está con Luna y porque Luna tiene más seguidores que ella —contesta Iris.

—Pues Adrián también está enfadado. Dice que Luna ayudó a Jessy y Adrián en el concurso solo para ganar —comenta Pablo.

—Ya, pero eso no es verdad. Luna es buena, yo la conozco —dice Iris.

Luna se acerca a ellos.

—¡Hola! ¿Cómo estáis? ¿De qué habláis?

Iris y Javi se miran y contestan a la vez:

—De las notas de Matemáticas.

—Uy… ¡Otro tema! ¿Qué foto os gusta más para mi Modagram?

—Las dos son muy bonitas. Bueno, me tengo que ir —dice Pablo.

—¿Nos vemos luego en el entrenamiento de baloncesto? —le pregunta Iris a Luna.

—Pues hoy no puedo, voy a ir a las tiendas del centro con Javi. Allí hay productos más originales que en el centro comercial. Mira las sandalias y el bikini que me compré ayer— dice Luna mientras enseña a Iris la foto que se hizo ayer en el probador de la tienda.

---

18 conocer – kennen; **25 el entrenamiento** – das Training

—Luna, estamos en otoño.

—Lo sé, pero el invierno y la primavera pasan muy rápido —dice Luna.

—Pero Luna, hace ya dos semanas que no vienes a los entrenamientos —protesta Iris.

—Ya, es que tengo muchas cosas que hacer para mi Modagram. Por cierto, mira esa chica que está ahí, delante de la puerta. ¡Qué horror! ¿Cómo puede llevar esas zapatillas tan feas y esos vaqueros tan largos? Y mira allí, al final del pasillo, ¡qué gorra más fea lleva Adrián! No lo soporto, es que no sabe perder —dice Luna.

—Luna ¿de verdad? ¿Qué problema tienes? Las personas pueden decidir cómo se visten, ¿no?—dice Iris.

—Bueno, las personas pueden decidir cómo se visten... pero sin hacer daño a los ojos de los demás. Es que mira aquella otra chica que pasa por allí... ¡Qué horror! ¡Qué bufanda y qué gorro tan feos! Por cierto, a ti también te puedo dar algunos consejos para vestirte un poco mejor. Estos guantes ya están muy viejos.

—Ufff, yo también me tengo que ir. ¡Adiós, gurú de la moda! —dice Iris mientras se va a su clase.

1 el otoño – der Herbst; **2 el invierno** – der Winter; **2 la primavera** – der Frühling; **8 soportar** – ertragen; **12 hacer daño** – wehtun; **15 vestirse** – sich anziehen leer **1** Lee el capítulo "Luna parece diferente" y contesta las preguntas.

a) ¿Por qué no queda Luna con su amigos?
b) ¿Qué piensan los amigos de Luna sobre ella?
c) ¿De qué habla Luna con sus amigos?
d) ¿Qué piensa Luna de Iris y de sus compañeros de instituto?
e) ¿Cuál es la opinión de Iris sobre los comentarios de Luna?

leer **2** **Luna compró en la tienda ropa para el verano.**

Di cómo se llaman las cuatro estaciones del año con ayuda del texto.

hablar **3** **Luna prefiere las tiendas del centro a las del centro comercial.**

Hablad en parejas sobre dónde es mejor comprar (tiendas del centro, centro comercial o Internet) y por qué.

§ 56 **4** Lee las frases y mira cuándo se usa **qué** y cuándo **cuál/cuáles**. Completa la regla.

a) ¿Qué vas a comprar?
b) ¿Qué foto os gusta más para mi Modagram?
c) ¿Cuál es tu color favorito?
d) De estas fotos, ¿cuáles te gustan más?

Mit qué + ■ fragt man nach allgemeinen Informationen.
Mit qué + ■ oder cuál/cuáles + ■ identifiziert man eine oder mehrere Sachen einer Gruppe.

§ 56

I 4ry3am

5 Haz preguntas a tu compañera o tu compañero con **qué** o **cuál/cuáles**. Ella o él las contesta.

a) ■ + ponerse normalmente para venir al instituto
b) ■ + ropa + llevar normalmente a la piscina
c) ■ + preferir: las camisas o las camisetas
d) ■ + ser + tus colores favoritos
e) ■ + color + gustar más: el blanco o el negro
f) Hay un pantalón rojo y otro azul. ■ + preferir

§ 55

V Erklärvideo 5j24gb

6 Iris va al centro comercial con una amiga.

Mira los dibujos y lee las frases. Explica cuándo se usa **este**, **ese** y **aquel**.

§ 55 **7** Completa esta tabla con ayuda del texto de la página 30.

	masc. sing.	fem. sing.	masc. pl.	fem. pl.
aquí	este bikini	esta gorra	▒ bikinis	estas gorras
ahí	ese bikini	▒ gorra	▒ bikinis	▒ gorras
allí	aquel bikini	▒ gorra	aquellos bikinis	aquellas gorras

§ 55 **8** Lee lo que dice este chico y corrige los pronombres que utiliza mal.

n77v2q

Quiero este camisa azul, este zapatos marrones, esa pantalones negros y aquel camiseta verde. ¡Ah! Y… ¿puedo ver también esa abrigo que tiene usted en la mano?

mediación **9** **Estás en Madrid con tus padres y vais a un centro comercial. Ellos no hablan español y tienes que ayudarlos.**

¿Cómo le dices al vendedor lo siguiente?

a) Deine Mutter sagt, dass ihr der Bikini gefällt, der vor euch auf dem Tisch liegt.
b) Deine Eltern möchten wissen, wie viel die schwarzen Jeans dahinten kosten.
c) Deine Mutter möchte wissen, ob es den Schal, den der Verkäufer in der Hand hat, auch in Grün gibt.
d) Dein Vater hat zwei Mützen in der Hand, eine blaue und eine rote und fragt, welche billiger ist.
e) Dein Vater fragt, wie viel die Sandalen, die du gerade in der Hand hältst, kosten.
f) Dein Vater sagt, dass die T-Shirts an der Wand sehr modern, aber leider zu groß sind.

7 ¿Qué le pasa a mi cuenta?

Luna se despierta a las siete en punto como todas las mañanas. Hace frío y no se quiere levantar todavía. Abre su cuenta de Modagram para ver los nuevos comentarios y, de repente, no puede creer lo que ve. Se levanta rápidamente y vuelve a leer el mensaje.

URGENTE

¡Hola! Soy Kika, del equipo de Modagram. Tu cuenta tiene algunos problemas técnicos. Haz clic aquí para solucionarlos. Si no lo haces antes de 24 horas, vamos a cerrar tu cuenta.

—¿Cerrar mi cuenta? No, eso no puede ser verdad. Ahora tengo muchos seguidores... ¿Qué problemas técnicos? ¡Tengo que buscar una solución ya! —dice enfadada mientras hace clic y mete sus datos y su contraseña.

Cuando llega al instituto, ve que todo el mundo la mira y habla sobre ella.
—Es por mi abrigo nuevo, la verdad es que es fantástico —piensa Luna. Pero entonces ve que algunos se están riendo y hablan entre ellos. Va hacia Javi para darle un abrazo.
—¡Qué tonta eres! —dice Javi.
—¿Qué pasa? ¿Por qué estáis todos tan raros? —pregunta Luna.
—Eso dímelo tú. ¿Y el vídeo?
—¿Qué vídeo? Dice Luna mientras toma su móvil. Entonces ve en su Modagram un vídeo en el que habla mal de Javi.
Luna no lo puede creer y dice:
—¡Qué horror! ¿¡Crees que lo subí yo!? —grita Luna.
—Claro... alguien te robó el móvil y lo subió ¿no? —dice Javi con ironía.
—Pues... No sé... Pero yo no fui. Además, ese vídeo es antiguo, es de hace años.

---

3 abrir – öffnen; **7 el equipo** – das Team; **9 cerrar** – schließen; **12 la contraseña** – das Passwort; **15 reírse de alguien** – über jdn lachen

—Mira, para ti esto es un juego, pero para mí es importante. Todos me conocen en el instituto—dice Javi enfadado.
—Pero Javi, me tienes que ayudar.
—¿Ayudar a qué? ¿A poner más vídeos así? —dice Javi mientras se va hacia sus amigos sin decir adiós.
Luna no sabe qué hacer. Mira a su alrededor, ve a Iris al final del pasillo y corre hacia ella.
—¡Iris, espera! —dice Luna.
—¿Qué quieres? —pregunta Iris.
—¡Mira mi Modagram! —dice Luna enfadada.
—Ya, ya lo sé, todo el mundo dice que el vídeo es genial. Es muy gracioso, la verdad —dice Iris.
—Pero... ¿qué dices? Estoy muy enfadada. ¿Quién crees que puede hacer algo así? —pregunta Luna.
—Pues no sé ¿a lo mejor algún seguidor o alguna seguidora de tu cuenta?
—No, no puede ser. Todos mis seguidores piensan que soy fantástica—dice Luna. Espera, espera... ya sé. Conozco a alguien. Creo que fue Adrián. Él perdió el concurso y dice que no soporta ver mi cuenta con tantos seguidores —dice Luna.
—No, creo que Adrián no es, él dice que entiende tu victoria y es un buen chico —dice Iris.
Jessy saluda a Iris y le dice algo, mira a Luna antes de irse y se ríe.
—¿Qué quiere esa? —pregunta Luna.
—Dice que hoy no hay entrenamiento de baloncesto porque la profesora está enferma.
—¿Y qué más? —pregunta Luna.
—Pues también dice que le gusta tu nuevo vídeo de Modagram —dice Iris.
—¡¡Ahhhhhh!! ¡La odio! —dice Luna.
—Luna, tú no estás bien ¿qué quieres? ¿Qué esperas de tu vida?
—Iris, no conoces mi vida. ¡Déjame en paz!

---

6 a mi / tu / su... alrededor – um mich / dich / sich herum; **21 saludar** – begrüßen; **24 estar enfermo,-a** – krank sein; **29 dejar en paz** – in Ruhe lassen

EJERCICIOS

leer **1** Lee el capítulo "¿Qué le pasa a mi cuenta?" y di si las frases son correctas o no. Corrige las que no son correctas.

a) Luna recibe un mensaje que dice que su cuenta de Modagram tiene problemas.
b) Cuando Luna llega al instituto, todo el mundo la mira y Luna piensa que pasa algo malo.
c) Javi cree que Luna dice la verdad sobre el vídeo.
d) Javi ayuda a Luna con su problema del vídeo.
e) Iris piensa que el vídeo del Modagram de Luna es divertido.
f) Luna piensa que Adrián subió el vídeo a su cuenta.

escuchar A 5j24gb **2** **Javi habla con su mejor amiga, Arancha, sobre el vídeo de Luna, pero no le cuenta toda la verdad.**

Escucha la conversación y di qué información no es correcta.

hablar **3** Explica tu opinión sobre el comportamiento de Javi con Luna.

hablar **4** Hablad en parejas. Decid con qué frecuencia os pasan las siguientes situaciones.

a) Te despiertas y rápidamente miras tu móvil.
b) Dices tu contraseña a otra persona.
c) Recibes un mensaje de spam.
d) Todos te miran cuando llegas al instituto.
e) Tu novio o tu novia no cree lo que dices.
f) Te enfadas con tu mejor amigo o amiga.

EXPRESIONES **So kann ich sagen, wie oft etwas passiert.**

siempre	a veces
(casi) todos los días	pocas veces
una vez, dos veces… a la semana	No…
muchas veces	Nunca…

8 Un amigo entre todas esas caras

Es una tarde bonita. Hace sol. Pero a Luna el día le parece un poco triste. Aunque los árboles ya están más verdes y hay más flores por las calles, Luna ve la ciudad y su vida de color gris. La persona que le robó la cuenta pone fotos ridículas en su Modagram. Tiene muy pocos seguidores y casi todos los comentarios son negativos. Además, está enfadada con Iris y Javi.
Va andando hacia casa con los cascos y la música alta y, de repente, escucha gritos y un ruido muy fuerte de los frenos de un coche.
Eso asusta mucho a Luna y se desmaya.
—¡Oye, chica! ¿Estás loca? ¿Cómo cruzas sin mirar? —dice una señora mayor que lleva muchas joyas.
—Van escuchando música y no piensan en nada más —protesta un señor calvo con ropa elegante a su lado.
—¿Estás bien? —le pregunta el conductor que sale muy rápido del coche y parece preocupado.
Luna está nerviosa, mira a todas esas personas. Toma sus cascos del suelo mientras se levanta y escucha todo el ruido que hay en Madrid: coches, personas, perros, motos... Luna tiene suerte, entre todas las personas que la están mirando, ve una cara conocida que va hacia ella.

—¿Qué te parece si te acompaño a casa, Luna? —pregunta Adrián.
—Sí, por favor —dice Luna todavía algo preocupada.
De camino a casa, Adrián y Luna hablan y Luna piensa que es un buen chico. Él no puede ser la persona que le robó la cuenta.
Cuando Luna entra en casa, su madre está en la cocina.
—Luna, tenemos que hablar. ¡¡Mira tus notas!! Son muy malas. ¿Qué es esto? No me lo puedo creer —dice la madre.
—¡Déjame en paz, mamá! —dice Luna.
—¡¡No puedes hablar así conmigo!! —dice la madre.

---

7 los cascos – die Kopfhörer; **7 alto, -a** – *hier:* laut; **8 el freno** – die Bremse; **9 asustar a alguien** – jdn. erschrecken; **9 desmayarse** – in Ohnmacht fallen

Luna se va a su dormitorio y llora en su cama. Pronto piensa que llorar[1] no es la solución. Se levanta y toma su móvil.

Adrián

...

¡Es verdad, Adri! ¡Tengo que recuperar[2] mi cuenta!

👏 ¡Claro! ¡Y yo te voy a ayudar! ¿Tienes alguna idea?

¡Pero primero hay que encontrar a la persona que me la robó!

Sí, yo creo que fue Jessy.

¿Jessy? Pero ¿por qué piensas que fue ella?

Nadie tiene más motivos que ella. Quiere volver a ser la más popular en Modagram y quiere volver con Javi.

¡Es verdad! Son dos motivos buenos.

Pero yo solo mandé[3] el vídeo y las fotos a Javi y a mis mejores amigos.

A lo mejor Jessy robó el vídeo y las fotos a Javi de su móvil. Jessy perdió el móvil un día. Bueno, eso es lo que nos contó... Pidió a Javi su móvil para buscar el horario del autobús.

¡Eso es! Pero no tenemos pruebas[4]...

Solo hay una persona que nos puede ayudar.

---

[1] **llorar** – weinen; [2] **recuperar** – zurückerhalten; [3] **mandar** – schicken; [4] **la prueba** – der Beweis

leer **1** Lee el capítulo "Un amigo entre todas esas caras" y ordena cronológicamente las siguientes frases.

a) Escucha un ruido muy fuerte y gritos.
b) Ve a una persona que conoce.
c) Luna ve la ciudad y su vida de color gris.
d) Va andando hacia casa con la música alta.
e) Luna va a su dormitorio y llora en la cama.
f) Cuando Luna entra en casa, su madre está en la cocina.

leer **2** Lee la conversación en el móvil de Adrián y contesta las preguntas.

a) ¿Quién piensa Luna que le robó la cuenta?
b) ¿Cuáles son los dos motivos que tiene la persona para robar la cuenta?
c) ¿A quién mandó el vídeo Luna?
d) ¿Qué piensa Adrián que pasó con el vídeo?

leer **3** Escribe a qué persona se refieren las siguientes frases.

a) Está enfadada con sus amigos.
b) Perdió su móvil.
c) Acompaña a Luna a casa.
d) Está muy enfadada por las malas notas.
e) No puede ser la persona que robó la cuenta.
f) No entiende por qué Luna cruza la calle sin mirar.

leer **4** **En el capítulo se usan algunas palabras para describir la ciudad de Madrid.**

Busca las palabras y di si describen también tu ciudad o tu pueblo.

5 Escribe cinco palabras más que conozcas para describir el lugar donde vives.

9 ¿Quién robó la cuenta?

Es jueves por la mañana y ya hace calor en Madrid. Pablo y Adrián están jugando al fútbol con unos amigos en el patio del instituto. Cuando terminan de jugar, Adrián le explica a Pablo la situación del Modagram de Luna.

—Adrián, no sé... ya tuve algunos problemas el año pasado porque robé la cuenta del profe de Historia. Estuve castigado mucho tiempo —dice Pablo.

—Sí, pero eso fue mala suerte —dice Adrián.

—Lo hice ese día y ya no lo hago más —dice Pablo.

—Pero tú eres el mejor. Solo tú puedes ayudar a Luna —dice Adrián.

—No, no lo voy a hacer, lo siento, Adrián. Me tengo que ir a clase. ¡Hasta luego! —dice Pablo.

—¡Piénsalo! —dice Adrián.

Al día siguiente, Luna llega tarde a clase. Corre por el pasillo y, de repente, se choca con Pablo. A Luna se le cae el móvil al suelo y se enfada. Pablo la ayuda. Luna está nerviosa, hace mucho tiempo que no habla con Pablo.

—¡Luna, aquí tienes tu móvil! Uy, está roto —le dice Pablo mientras se lo da.

—¡Uf, ya no sé qué más me puede pasar con este móvil! —protesta Luna.

—Por cierto... Adrián me contó ayer lo de tu cuenta y que quieres encontrar a la persona que te la robó.

—Sí, desde que me robaron la cuenta mi vida es horrible. Pero yo no sé de informática y Adrián tampoco... —dice Luna triste.

—Vale, pero... ¿sabes quién pudo ser? —pregunta Pablo.

—Estoy segura de que fue Jessy, pero no tengo pruebas.

Pablo mira a Luna y piensa que es una chica especial y decide ayudarla.

—Bueno, Luna... te voy a ayudar a encontrar a esa persona —dice Pablo.

—Gracias, Pablo. Porque sin Modagram y sin móvil mi vida ya es demasiado aburrida —dice Luna mientras mira su móvil roto.

—Tranquila, Luna, voy a demostrar que Jessy robó tu cuenta —dice Pablo.

—¡Genial, Pablo! ¿Cómo lo vas a hacer? —pregunta Luna.

—Pues necesito tu ayuda. Quedamos después de clase en el bar de la esquina.

—¡Vale, sí! —dice Luna más contenta.

—Venga, vamos rápido a clase, llegamos tarde —dice Pablo.

Después de clase, en el bar, Pablo le pregunta a Luna:
—Pero... ¿cómo pasó todo?
—Pues me llegó un mensaje sobre problemas técnicos, entonces hice clic en el enlace y escribí mi contraseña.
—¡Luna! ¡Nunca tienes que abrir enlaces y menos escribir datos personales! —dice Pablo.
—Lo sé, pero fue el lunes por la mañana ¡muy temprano! Fue un mal momento, con mucho estrés— dice Luna.
—Pues está claro que el mensaje no lo mandó Modagram. ¡Fue la persona que buscamos!
—¡¡¡Jessy!!! —dice Luna furiosa.
—Vale, Luna, tenemos dos opciones, demostrar que Jessy te robó la cuenta y denunciarla a la policía o recuperar tu cuenta con uno de los métodos que conozco.
—Las dos opciones me encantan. El problema de la segunda es que Jessy me puede volver a robar la cuenta y esta historia nunca se va a terminar.
—Vale, podemos denunciar el robo, pero necesitamos las pruebas. Creo que en un día o dos las puedo tener, pero necesito tu móvil —dice Pablo.
—¡Eres fantástico, Pablo! —le dice Luna mientras le da el móvil y un abrazo muy fuerte.

---

13 denunciar – anzeigen

EJERCICIOS

leer **1** Lee el capítulo "¿Quién robó la cuenta?" y elige la opción correcta.

1. Adrián cuenta a Pablo el problema de Luna y Pablo le dice que…
   a) sí va a ayudar a Luna.
   b) no puede ayudar a Luna.
   c) la próxima semana va a ayudar a Luna.

2. Al día siguiente, cuando Luna llega tarde a clase…
   a) Luna se choca con Pablo y el móvil de Pablo se cae al suelo.
   b) Luna se choca con Pablo y le da un besito.
   c) Luna se choca con Pablo y el móvil de Luna se cae al suelo.

3. Pablo va a ayudar a Luna porque…
   a) Luna le va a pagar dinero.
   b) piensa que Luna es una chica especial.
   c) sabe que Luna no puede vivir sin su cuenta de Modagram.

4. Pablo dice a Luna que…
   a) si encuentran a la persona, pueden denunciarla, pero necesitan pruebas.
   b) no pueden ir a la policía, pero sí que pueden encontrar a la persona.
   c) no necesitan pruebas, solo tienen que encontrar a la persona.

§ 57 **2** Busca en el capítulo los verbos de la tabla en **pretérito indefinido** y completa la tabla.

infinitivo	indefinido
estar	■
querer	quis-
poder	■
poner	pus-
tener	■
saber	sup-
venir	vin-
hacer	■

-e
-iste
-o
-imos
-isteis
-ieron

decir
dije
dijiste
dijo
dijimos
dijisteis
dijeron

hablar §57 t3p9vt

3 Pregunta a una compañera o un compañero cuando fue la última vez que hizo estas cosas.

A: ¿Cuándo fue la última vez que…?
B: La última vez que… fue ayer / hace dos días / el verano pasado…

a) estar castigado,-a
b) no saber las preguntas de un examen
c) tener un problema
d) ir tú y tus amigos a un bar
e) venir sin los deberes a clase
f) no poder ayudar a un amigo
g) no querer ir de vacaciones con tus padres
h) poner en silencio tu móvil

§57 **4 Pablo habla con Adrián y le cuenta que va a ayudar a Luna.**

Completa el diálogo con la forma correcta del **pretérito indefinido** de los verbos entre paréntesis.

Pablo: Adrián, ¿sabes con quién ▒ (**estar, yo**) ayer?
Adrián: No. ¡Cuenta!
Pablo: ▒ (**estar**) con Luna en mi casa.
Adrián: ¿Con Luna?
Pablo: Sí, por la mañana Luna y yo ▒ (**chocarse**) en el pasillo del instituto, pero no ▒ (**querer**) hablar conmigo.
Adrián: Es normal. No ▒ (**querer, tú**) ayudarla a encontrar a la persona que robó su cuenta.
Pablo: Pero al final ▒ (**hablar, nosotros**) y ▒ (**decidir, yo**) ayudarla.
Adrián: ¡Qué bien!
Pablo: La ▒ (**invitar**) a mi casa para hablar y ▒ (**venir**) después del instituto.
Adrián: ¿Y qué te ▒ (**decir**) Luna? ¿Puedes ayudarla?
Pablo: Le ▒ (**hacer**) algunas preguntas, ▒ (**intentar, yo**) entrar en su cuenta, pero no ▒ (**tener, nosotros**) suerte. Yo creo que solo la policía puede encontrar a la persona.

leer **5 Pablo no cuenta toda la verdad.**

Con ayuda de la información del capítulo, corrige la información que no es correcta.

10 ¡Ya lo sé!

Luna se va a casa. Está contenta porque sabe que Pablo la va a ayudar, pero para ella es muy raro no tener móvil. No sabe qué hacer sin él, así que estudia para el próximo examen. Piensa en su vida: echa de menos a Iris, el baloncesto, ir al pueblo... Ya no hace tantas cosas como antes de tener la cuenta en Modagram.

Luna quiere llamar a Iris y le pide el móvil a su madre porque sabe que tiene el número de su amiga.
—¡Hola, Iris! No tengo el móvil, por eso te llamo desde aquí...
—Ah ¡hola! ¡Qué sorpresa! ¡Hace mucho que no me llamas!
—Sí, lo siento, te echo de menos. En los últimos meses me comporté mal contigo. ¿Podemos quedar para hablar? —pregunta Luna.
—Vale, sí, yo también tengo que hablar contigo —dice Iris.
—Pues... ven esta tarde después de clase a mi casa.
—Vale ¡luego nos vemos!

Solo veinticuatro horas sin móvil y sin conexión a Internet y tiene tiempo para hacer muchas más cosas. Cuando vuelve a casa, se va a su habitación y hace los deberes de Historia. De repente suena el timbre.
—¡Muchas gracias por venir! —le dice Luna a Iris mientras le da un fuerte abrazo.
Entonces suena el timbre de la puerta otra vez.
—¡Hola, Pablo! —¡Qué rápido! ¿Tienes buenas noticias? —pregunta Luna.
Pablo dice que sí con la cabeza y no sabe qué decir. Para él es una sorpresa ver a Iris allí, dentro de la casa. Iris también mira a Pablo muy seria.
Todos están en silencio. La situación es rara.
—Iris, es genial, Pablo sabe quién robó mi cuenta y lo podemos denunciar a la policía.
Pablo sigue en silencio. Entonces, de repente, Iris dice algo.
—Bueno... de eso quiero hablar contigo, Luna. Es algo que quiero contarte desde hace tiempo...

---

4 echar de menos – vermissen; **11 comportarse** – sich verhalten; **18 sonar el timbre** – klingeln

Fui yo... Yo te robé la cuenta —dice Iris con miedo.
—¿Cómo? —dice Luna que no puede creer lo que dice su amiga.
—Lo siento, Luna —dice Iris triste.
—¿Es verdad eso? —le pregunta Luna a Pablo.
—Sí, así es. Fue Iris —dice Pablo que tampoco puede creer toda la situación.
—Luna, desde que ganaste el concurso eres una persona diferente. Intenté explicártelo, pero no me escuchaste, así que pensé en robar tu cuenta —dice Iris.
Luna está en silencio y mira muy enfadada a su amiga.
—¿Sabes qué, Luna? Creo que Iris tiene razón, cambiaste totalmente. Tú eres genial, no tienes que cambiar para los demás, ni para ese Modagram.
Iris y Pablo tienen miedo porque no saben cómo va a reaccionar Luna que está en silencio y con cara seria.
—¿Y tú eres mi mejor amiga, Iris? ¡Una amiga no hace eso! Pero ¿sabéis qué? —dice muy seria mirando a los dos—. Tenéis razón. No os escuché y ni siquiera fui tan feliz durante mi época de famosa en Modagram y con el tonto de Javi. Creo que puedo ser mucho más feliz sin mi Modagram, pero con vosotros.
Los tres chicos se dan un abrazo durante unos segundos hasta que Luna le dice a Pablo:
—Por cierto, ¡dame mi móvil ya! Creo que puedo vivir sin Modagram, ¡pero no sin mi móvil!

---

10 tener razón – Recht haben; **10 cambiar** – ändern

leer **1** Lee el capítulo "Ya lo sé" y haz un resumen.

> **ESTRATEGIA** **Eine Zusammenfassung schreiben**
> In einer Zusammenfassung schreibst du nur die wesentlichen Inhalte. Sie steht immer im Präsens. Mehr dazu auf S. 186 im Schulbuch.

leer **2** **Iris dice que Luna es una persona diferente desde que ganó el concurso.**

Escribe qué hacía Luna antes y después de ganar el concurso de Modagram.

tener malas notas | quedar mucho con Iris | quedar con Javi | hablar mal de la ropa de otras personas | jugar al baloncesto | comprar mucha ropa | ir al pueblo | tener buenas notas | pensar solo en ella

antes del concurso

...

después del concurso

...

escribir **3** Escribe tu opinión sobre el comportamiento de Iris con su amiga Luna.

hablar **4** **Luna dice que puede vivir sin Modagram, pero no sin su móvil.**

Hablad en parejas. Haz a una compañera o compañero las siguientes preguntas. Después ella o él te pregunta.

a) ¿Cuándo tuviste tu primer móvil?
b) ¿Cuándo usas tu móvil?
c) ¿Para qué es importante el móvil?
d) ¿Piensas que es bueno pasar algunos días sin móvil?

escribir **5** Imagina tu vida sin móvil. Escribe tres cosas que pueden ser positivas.

Vocabulario

Das *Vocabulario* zeigt der Lernwortschatz in der Reihenfolge des Vorkommens in der Lektüre. Die Vokabel, die kein Lernwortschatz in ***¡Vamos! ¡Adelante! Curso intensivo 1, Unidad 8*** waren, sind mit einem Sternchen * gekennzeichnet.

Symbole und Abkürzungen

etw.	etwas
jdn	jemanden
jdm	jemandem
pl.	plural (Plural = Mehrzahl)
pron.	Pronomen
[E]	Englisch
[F]	Französisch
[L]	Latein
↔	Antonym (ein Gegensatz, z. B. sauber ↔ schmutzig)
⊙⊙	Wortfamilie

Kennzeichnung der Verben

irr.	*irregular* (unregelmäßig)
-ue-	*o-ue-* bzw. *u-ue-*Wechsel im Präsens
-zco	*c* wird *zco* (z.B. *conocer*)

Capítulo 1

el concurso*	der Wettbewerb
la moda	die Mode
participar en algo*	an etw. teilnehmen
ganar*	gewinnen
alto, -a	groß (Körpergröße)
bajo, -a	klein (Körpergröße)
Mi hermano es más bajo que yo.	Mein Bruder ist kleiner als ich.
delgado, -a	schlank; dünn
Aquella chica delgada es mi amiga Marta.	Das schlanke Mädchen dort ist meine Freundin Marta.

gordo, -a	dick
el pelo	das Haar
Mi hermano tiene el pelo largo.	Mein Bruder hat lange Haare.
castaño, -a	brünett; braunhaarig; (kastanien)braun
claro, -a	hell; klar
rubio, -a	blond
Mi madre es tan rubia como yo.	Meine Mutter ist so blond wie ich.
la cuenta*	das Konto (in sozialen Netzwerken)
el color	die Farbe
[F] la couleur	
[E] colour	
[L] color	
la red social*	das soziale Netzwerk
el seguidor / la seguidora*	der Follower / die Followerin
la piel	die Haut
oscuro, -a	dunkel
[F] l'obscurité	
[L] obscurus	
las gafas *(pl.)*	die Brille
la expresión	der Ausdruck
[F] l'expression	
[E] expression	
pelirrojo, -a	rothaarig
Tengo una amiga pelirroja.	Ich habe eine rothaarige Freundin.
↔ el pelo rojo	
robar*	stehlen
moreno, -a	dunkelhaarig; dunkel; dunkelhäutig
la barba	der Bart
[F] la barbe	
[L] barba	

Capítulo 2

explicar*	
probarse *(-ue-)* **algo**	etw. anprobieren
—¿Quieres probarte los vaqueros?	– Willst du die Jeans anprobieren?
—Sí, me pruebo los vaqueros.	– Ja, ich probiere die Jeans an.
entrar	(hinein)gehen; eintreten
[F] entrer	
[E] to enter	
el pantalón / los pantalones	die Hose
¿Compramos el pantaloón?	Kaufen wir die Hose?
[F] le pantalon	

la falda	der Rock
La falda es barata.	Der Rock ist billig.
el zapato	der Schuh
No tienes que quitarte los zapatos.	Du musst die Schuhe nicht ausziehen.
la camiseta	das T-Shirt
Voy a comprarte la camiseta.	Ich werde dir das T-Shirt kaufen.
el vestido	das Kleid
Tu vestido es muy bonito.	Dein Kleid ist sehr schön.
[L] vestis	
decir *(irr.)* **algo a alguien**	jdm etw. sagen
A Luis le digo que puede comprar los zapatos.	Ich sage Luis, dass er die Schuhe kaufen darf.
[F] dire	
[L] dicere	
negro, -a	schwarz
Acabo de ver un gato negro.	Ich habe gerade eine schwarze Katze gesehen.
↔ blanco	
[L] niger	
quedar (a alguien)	jdm stehen; aussehen
Nada me queda bien.	Nichts steht mir gut.
cuando	wenn
seguro, -a	sicher
¿Estás seguro?	Bist du dir sicher?
intentar algo	etw. versuchen
corto, -a	kurz
estrecho, -a	eng
Esta calle es muy estrecha.	Diese Straße ist sehr eng.
[F] étroit, -e	
los pendientes *(pl.)**	die Ohrringe
ancho, -a	breit; weit
Este pantalón me queda ancho.	Diese Hose ist mir zu weit.
saber *(irr.)* **algo**	etw. wissen
No sé dónde vive Marcos.	Ich weiß nicht, wo Marcos wohnt.
[F] savoir	
la chaqueta	die Jacke
[E] jacket	
largo, -a	lang
Esta camiseta me queda muy larga.	Dieses T-Shirt ist mir zu lang.
dar *(irr.)* **algo a alguien**	jdm etw. geben
—¿Me das un regalo? —Te doy dos.	– Gibst du mir ein Geschenk? – Ich gebe dir zwei.
[L] dare	

la opinión	die Meinung
parecer *(-zco)*	scheinen; finden
¿Qué te parece el vestido?	Wie findest du das Kleid?
de abuela	omamäßig
No me gusta la chaqueta. Es de abuela.	Ich mag die Jacke nicht. Sie ist omamäßig.
la revista de moda	die Modezeitschrift
enseñar algo a alguien	jdm etw. zeigen
Te voy a enseñar mi piso.	Ich werde dir meine Wohnung zeigen.
rojo, -a	rot
naranja	orange *(als Farbe)*
blanco, -a	weiß
azul	blau
amarillo, -a	gelb
Ponte la camiseta amarilla.	Zieh das gelbe T-Shirt an!
verde	grün
F vert, -e	
gris	grau
F gris, -e	
marrón	braun
F marron	
el jersey	der Pullover
Me gusta tu jersey.	Ich mag deinen Pullover.
encantar	sehr gefallen; sehr mögen
pasar	geschehen; passieren
¿Qué pasó la semana pasada?	Was geschah letzte Woche?
F se passer	
la bota*	der Stiefel
lila	lila
las zapatillas de deporte *(pl.)*	die Sportschuhe
Para jugar al baloncesto necesitas zapatillas de *deporte*.	Zum Basketballspielen brauchst du Sportschuhe.
rosa	rosa

Capítulo 3

la mano	die Hand
F la main	
L manus	
que *(pron.)*	der / die / das *(Pron.)*
Ana es la chica que lleva una blusa azul.	Ana ist das Mädchen, das eine blaue Bluse trägt.

precioso,-a	wunderschön; wertvoll
el ojo	das Auge
Mi padre tiene los ojos marrones como yo.	Mein Vater hat braune Augen wie ich.
[L] oculus	
el hombre	der Mann
¿Ves al hombre con las gafas de sol? Es mi tío.	Siehst du den Mann mit der Sonnenbrille? Er ist mein Onkel.
[F] l'homme	
el abrigo	der Mantel
Necesito un abrigo porque hace frío.	Ich brauche einen Mantel, weil es kalt ist.
las gafas de sol *(pl.)*	die Sonnenbrille
Si hace sol, me pongo las gafas de sol.	Wenn die Sonne scheint, setze ich die Sonnenbrille auf.
de repente	plötzlich
De repente llegó la policía.	Plötzlich kam die Polizei.
el café*	der Kaffee
hacia	nach; zu
El hombre vino hacia mí.	Der Mann kam auf mich zu.
chocar(se) con algo / con alguien	mit etw. / jdm zusammenstoßen
Me choqué con el hombre.	Ich stieß mit dem Mann zusammen.
caerse *(irr.)*	fallen
El hombre se cayó.	Der Mann fiel hin.
[L] cadere	
la blusa	die Bluse
romper algo*	etw. kaputt machen
el momento	der Moment
[E] moment	
el desfile de moda	die Modenschau
[F] le défilé de mode	
la camisa	das Hemd
⚭ la camiseta	
[F] la chemise	
gran *(vor Nomen)*	groß; großartig
Es una gran aventura.	Es ist ein großartiges Abenteuer.

Capítulo 4

en mi opinión	meiner Meinung nach
el sinónimo	das Synonym
la palabra	das Wort

si	ob
Mi madre pregunta si tienes hambre.	Meine Mutter fragt, ob du hungrig bist.
[F] si	

Capítulo 5

conocer *(-zco)* **algo / a alguien**	etw. / jdn kennen; jdn kennenlernen
—¿Conoces a Pedro? —Sí, lo conozco. Lo conocí en México.	– Kennst du Pedro? – Ja, ich kenne ihn. Ich habe ihn in Mexiko kennengelernt.
[F] connaître	
[L] cognoscere	

Capítulo 6

estar triste*	traurig sein
desde hace *(+ Zeitraum)*	seit
¿Qué *(+ Nomen)* **. . . ?**	Welche, -r, -s . . . ?
el producto	das Produkt
[E] product	
la sandalia	die Sandale
el bikini	der Bikini
el probador	die Umkleide
Mario entró en el probador.	Mario ging in die Umkleide.
⚭ probarse	
el otoño	der Herbst
En otoño no tenemos vacaciones.	
[F] l'automne	
[E] autumn	
[L] autumnus	
el invierno	der Winter
En invierno hace frío.	Im Winter ist es kalt.
[F] l'hiver	
la primavera	der Frühling
¿Cuándo empieza la primavera?	Wann fängt der Frühling an?
ese, -a, -os, -as	dieser, diese, dieses (da)
Ese bikini es muy barato.	Der Bikini da ist sehr billig.
ahí	da
los vaqueros *(pl.)*	die Jeans(hose)
la gorra	die Kappe

decidir algo	etw. entscheiden; etw. beschließen
[F] décider	
[E] to decide	
aquel, aquella, aquellos, aquellas	jener, jene, jenes
—Este jersey me gusta mucho.	– Dieser Pullover gefällt mir sehr gut.
—Pues yo prefiero aquel.	– Also, ich mag diesen dort lieber.
la bufanda	der Schal
En enero necesitas una bufanda.	Im Januar brauchst du einen Schal.
el gorro	die Mütze
este, -a, -os, -as	dieser, diese, dieses (hier)
Este fin de semana voy al cine.	Dieses Wochenende gehe ich ins Kino.
el guante	der Handschuh
¿Dónde puedo comprar guantes?	Wo kann ich Handschuhe kaufen?
[F] le gant	

Capítulo 7

despertarse	aufwachen
los datos	die Daten
la contraseña*	das Passwort
a mi / tu / su . . . alrededor	um mich / dich / sich … herum
subir algo*	hier: hochladen
buen *(vor männlichem Nomen)*	gut
Tengo un buen plan.	Ich habe einen guten Plan.
[F] bon, -ne	
[L] bonus	
estar enfermo, -a	krank sein

Capítulo 8

el grito	der Schrei
asustar a alguien	jdn erschrecken
desmayarse	in Ohnmacht fallen
Vi el tiburón y casi me desmayé.	Ich sah den Hai und fiel beinahe in Ohnmacht.
la joya	der Schmuck
Las joyas son siempre muy caras.	Schmuck ist immer sehr teuer.
calvo, -a	kahlköpfig
Mi abuelo es calvo.	Mein Großvater ist kahlköpfig.
[F] chauve	
la prueba*	der Beweis

Capítulo 9

denunciar*	anzeigen
la policía	die Polizei

Capítulo 10

último, -a	letzte, -r, -s
la conexión	der Anschluss
E connection	
dentro	drinnen
la noticia	die Neuigkeit; die Nachricht
es algo que …	das ist etwas, was …

Quellennachweis

jani lunablau, Barcelona, **4.1; 4.2; 4.3; 5.1; 5.2; 5.3; 9.1; 12.1; 12.2; 12.3; 15.1; 16.1; 17.1; 18.1; 19.1; 20.1; 21.2; 21.4; 21.5; 22.1; 23.1; 23.2; 24.1; 25.1; 26.1; 27.1; 27.2; 29.1; 30.1; 32.1; 32.2; 32.3; 37.1; 38.1; 45.1; U1**; Merkle, Helga, Albershausen, **20.2; 20.3; 21.1; 21.3**; Palmowski, Sven, Barcelona, El Prat de Llobregat, **7.1; 7.2; 7.3; 7.4; 7.5; 7.6; 7.7; 7.8; 7.9; 7.10; 7.11; 7.12; 13.1; 13.2; 13.3; 13.4; 13.5; 13.6; 13.7; 13.8; 13.9; 13.10; 14.1; 14.2; 14.3; 14.4**; Schwarzstein, Jaroslaw, Hannover, **33.1**; ShutterStock.com RF, New York (meinzahn), **6.3**; ShutterStock.com RF, New York (Pakkad Sah), **31.1; 31.2; 31.3; 31.4**; ShutterStock.com RF, New York (Prostock-studio), **6.1**; stock.adobe.com, Dublin (denisgorelkin), **38.2**; stock.adobe.com, Dublin (goodluz), **6.2**; Thinkstock, München (iStockphoto), **6.4; 6.5**;